ik ook?

Willem Eekhof
Tekeningen van Jan van Lierde

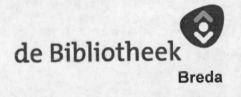

maan is raar.

vis in vaas is raar.

saar naar maan is raar.
saar is vaak raar.

ik ook?

roos is raar.

rook in sik is raar.

vis aan rik is ook raar.
rik is vaak raar.

ik ook?

vis is raar.

kaas is raar.

kin in vaas is raar.

sik aan. koos is ook raar.
koos is vaak raar.
ik ook?

oom is raar.
oom in room is raar.

oom aan raam is raar.
maar oom is vaak raar.
ik ook?

saar naar maan is raar.

vis aan rik is raar.
sik aan koos is raar.

oom aan raam is raar.

maar ... **ik ook.**

Raketjes bij kern 1 van Veilig leren lezen

1. ik ook?
Willem Eekhof en Jan van Lierde
Na twee weken leesonderwijs

2. mis, rik, mis!
Hans Kuyper & Marene Kok
en Mark Janssen
Na drie weken leesonderwijs

3. van pen voor roos
Anke Kranendonk en
Ingrid Godon
Na vier weken leesonderwijs

ISBN 90.276.7935.5
NUR 287
1e druk 2004

© 2004 Tekst: Willem Eekhof
Illustraties: Jan van Lierde
Uitgeverij Zwijsen Algemeen B.V. Tilburg

Voor België:
Zwijsen-Infoboek, Meerhout
D/2004/1919/502